Meu anjo da guarda
tem medo do escuro

Charles Simic

Meu anjo da guarda tem medo do escuro

Poemas escolhidos

seleção, tradução e posfácio
Ricardo Rizzo

todavia

Penal Architecture / Arquitetura penal 8
To the One Tunneling / Ao que cava 10
Country Fair / Feira 12
Nearest Nameless / Inominado ao lado 14
Read Your Fate / Leia o seu destino 16
Windy Evening / Noite de ventania 18
Obscurely Occupied / Obscuramente ocupado 20
Pocket Theatre / Teatro de bolso 22
The City / A cidade 24
Late September / Fim de setembro 26
A Book Full of Pictures / Um livro cheio de figuras 28
The Secret / O segredo 30
My Father Attributed Immortality to Waiters /
Meu pai conferia imortalidade aos garçons 32
The Devils / Os demônios 34
Factory / Fábrica 38
Explaining a Few Things / Explicando algumas coisas 40
Past-Lives Therapy / Terapia de vidas passadas 42
[The stone is a mirror] / [A pedra é um espelho] 44
[Everything's foreseeable.] / [Tudo é previsível.] 46
[Margaret was copying] / [Margaret copiava] 48
[The dead man steps down from the scaffold.] /
[O morto desce do cadafalso.] 50
[My guardian angel is afraid of the dark.] /
[Meu anjo da guarda tem medo do escuro.] 52

Popular Mechanics / Mecânica popular 54
Department of Public Monuments /
Departamento de Monumentos Públicos 56
Silent Child / Menino calado 58
Department of Complaints /
Departamento de Reclamações 60
The Ice Cubes Are on Fire /
Os cubos de gelo estão em chamas 62
Eternity's Orphans / Órfãos da Eternidade 64
Worriers Anonymous / Preocupados Anônimos 66
Scribbled in the Dark / Rabiscos no escuro 68
Summer Light / Luz de verão 70
Description of a Lost Thing /
Descrição de algo perdido 72
Snowy Morning Blues / Blues da manhã nevada 74

Charles Simic: janelas para o bombardeio 77
Ricardo Rizzo

Agradecimentos do tradutor 103
Índice de títulos e primeiros versos 105

Meu anjo da guarda
tem medo do escuro

Penal Architecture

School, prison, state orphanage,
I walked your gray hallways,
Stood in your darkest corners
With my face to the wall.

The murderer sat in the front row.
A mad little Ophelia
Wrote the date on the blackboard.
The executioner was my best friend.
He already wore black.

Cracked, peeling walls
With every window barred,
Not even a naked lightbulb
For the boy left in the solitary
And the old master
Putting on his eyeglasses.

In that room with its red sunsets,
It was eternity's turn to speak,
So we listened breathlessly
Even though our hearts
Were made of stone.

Arquitetura penal

Escola, prisão, orfanato público,
Percorri seus corredores cinzentos
De pé nos cantos mais escuros
a cara contra a parede.

O assassino sentou-se na fileira da frente.
Uma Ofelinha louca
Escreveu a data no quadro-negro.
O carrasco era meu melhor amigo.
Sempre de preto.

Paredes fendidas, descascadas
Grades em todas as janelas,
Sequer uma lâmpada
Para o menino na solitária
E o velho diretor
Põe os óculos.

Naquele cômodo com seus poentes vermelhos,
Era a vez da eternidade falar,
E nós ouvíamos sem respirar
Embora nossos corações
Fossem feitos de pedra.

To the One Tunneling

Penitentiaries secured for the night,
Thousands lying awake in them,
As we too lie awake, love,
Straining to hear beyond the quiet.
The blurry whiteness at the ceiling
Of our darkened room like a sheet
Thrown over a body in the ice-cold morgue.

Do you hear the one tunneling?
So faint a sound he makes
It could be your heartbeat or mine
In this wall we lean our heads against.
With our eyes now tightly shut
As if a jailer has stopped to peek
Through the small crack in our door.

Ao que cava

Penitenciárias vigiadas durante a noite,
Dentro delas milhares sem dormir,
Acordados como nós dois, amor,
Tentando ouvir além da quietude.
A brancura borrada no teto
Do nosso quarto escuro é como um lençol
Jogado sobre um corpo no necrotério gelado.

Você consegue ouvir o sujeito cavando?
Faz um barulhinho tão miúdo
Podia ser o seu coração batendo ou o meu
Na parede onde recostamos, aqui atrás,
Com os nossos olhos agora bem fechados
Como se um guarda parasse para olhar
Pela pequena fresta ali na porta.

Country Fair

for Hayden Carruth

If you didn't see the six-legged dog,
It doesn't matter.
We did and he mostly lay in the corner.
As for the extra legs,

One got used to them quickly
And thought of other things.
Like, what a cold, dark night
To be out at the fair.

Then the keeper threw a stick
And the dog went after it
On four legs, the other two flapping behind,
Which made one girl shriek with laughter.

She was drunk and so was the man
Who kept kissing her neck.
The dog got the stick and looked back at us.
And that was the whole show.

Feira

para Hayden Carruth

Se você não viu o cachorro de seis patas,
Não tem problema.
Nós vimos e ele se deita num canto a maior parte do tempo.
Quanto às pernas a mais,

Logo a gente se acostuma a elas
E pensa em outras coisas.
Do tipo: que noite fria, escura,
para se estar numa feira.

Então o dono atirou um graveto
E o cachorro foi pegar
Em quatro patas, as outras duas balançando atrás,
O que fez a garota rolar de rir.

Ela estava tão bêbada quanto o homem
Que continuou beijando seu pescoço.
O cachorro pegou o graveto e nos olhou de volta.
E esse foi todo o espetáculo.

Nearest Nameless

So damn familiar
Most of the time,
I don't even know you are here.
My life
My portion of eternity,

A little shiver,
As if the chill of the grave
Is already
Catching up with me —
No matter.

Descartes smelled
Witches burning
While he sat thinking
Of a truth so obvious
We keep failing to see it.

I never knew it either
Till today.
When I heard a bird shriek
The cat is coming,
And I felt myself tremble.

Inominado ao lado

Tão familiar
A maior parte do tempo,
Nem percebo que você está aqui.
Minha vida
Minha parte na eternidade,

Um calafrio
Como se o frio da cova
Já estivesse
Quase me alcançando —
Não importa.

Descartes sentia o cheiro
De bruxas queimando
Enquanto pensava
Numa verdade tão óbvia
Que ainda não conseguimos vê-la.

Eu também nunca soube
Até hoje.
Quando ouvi um pássaro grasnar:
O gato está vindo,
E senti que tremia.

Read Your Fate

A world's disappearing.
Little street,
You were too narrow,
Too much in the shade already.

You had only one dog,
One lone child.
You hid your biggest mirror,
Your undressed lovers.

Someone carted them off
In an open truck.
They were still naked, travelling
On their sofa

Over a darkening plain,
Some unknown Kansas or Nebraska
With a storm brewing.
The woman opening a red umbrella

In the truck. The boy
And the dog running after them,
As if after a rooster
With its head chopped off.

Leia o seu destino

Um mundo desaparecendo.
Pequenina rua,
Você era tão estreita,
Já tão imersa na sombra.

Você tinha apenas um cachorro
Uma criança sozinha.
Você escondeu seu maior espelho,
Seus amantes sem roupa.

Alguém os recolheu
Num caminhão aberto.
Eles ainda estavam nus, viajando
Em seu sofá

Sobre uma planície escura
Um desconhecido Kansas ou Nebraska
Com uma tempestade em formação.
A mulher abria um guarda-chuva vermelho

No caminhão. O garoto
E o cachorro os perseguiam
Como se perseguissem um galo
Com a cabeça cortada.

Windy Evening

This old world needs propping up
When it gets this cold and windy.
The cleverly painted sets,
Oh, they're shaking badly!
They're about to come down.

There'll be nothing but infinite space.
The silence supreme. Almighty silence.
Egyptian sky. Stars like torches
Of grave robbers entering the crypts of kings.
Even the wind pausing, waiting to see.

Better grab hold of that tree, Lucille.
Its shape crazed, terror-stricken.
I'll hold on the barn.
The chickens in it are restless.
Smart chickens rickety world.

Noite de ventania

Este mundo velho precisa de uma escora
Quando fica assim frio e com essa ventania.
Os cenários engenhosamente pintados,
Ah, como balançam!
Estão prestes a despencar.

Não haverá nada senão espaço infinito.
O silêncio supremo. Silêncio todo-poderoso.
Céu egípcio. Estrelas feito tochas
De ladrões de túmulos entrando nas criptas dos reis.
Até o vento faz uma pausa, esperando para ver.

Melhor se agarrar àquela árvore, Lucille.
Sua forma fendida, aterrorizada.
Eu me agarro no celeiro.
As galinhas estão agitadas.
Galinhas sábias mundo estragado.

Obscurely Occupied

You are the Lord of the maimed,
The one bled and crucified
In a cellar of some prison
Over which the day is breaking.

You inspect the latest refinements
Of cruelty. You may even kneel
Down in wonder. They know
Their business, these grim fellows

Whose wives and mothers rise
For the early Mass. You, yourself,
Must hurry back through the snow
Before they find your rightful

Place on the cross vacated,
The few candles burning higher
In your terrifying absence
Under the darkly magnified dome.

Obscuramente ocupado

És o Senhor dos mutilados,
O que sangraram e crucificaram
Num porão de algum presídio
Sobre o qual o dia amanhece

Inspecionas os últimos refinamentos
Da crueldade. Talvez até te ajoelhes
Em admiração. Eles são bons
No que fazem, esses sujeitos sombrios

Cujas mães e mulheres se levantam
Cedo para a missa. Quanto a ti,
Deves voltar depressa pela neve
Antes que descubram vazio

O teu merecido lugar na cruz,
As poucas velas queimando mais alto
Na tua assustadora ausência
Sob a cúpula ampliada pelo escuro.

Pocket Theatre

Fingers in an overcoat pocket. Fingers sticking out of a black leather glove. The nails chewed raw. One play is called "Thieves' Market", another "Night in a Dime Museum." The fingers when they strip are like bewitching nude bathers or the fake wooden limbs in a cripple factory. No one ever sees the play: you put your hand in somebody else's pocket on the street and feel the action.

Teatro de bolso

Dedos no bolso de um sobretudo. Dedos despontando da luva de couro preto. As unhas roídas até ferir. Uma peça chama-se "Mercado de ladrões", outra "Uma noite no Museu de Quinquilharias". Os dedos quando se despem são como banhistas nus enfeitiçados ou membros falsos de madeira na fábrica de próteses. Ninguém jamais assiste à peça: você põe sua mão no bolso de alguém na rua e sente a ação.

The City

At least one crucified at every corner.
The eyes of a mystic, madman, murderer.
They know it's truly for nothing.
The eyes do. All the martyr's sufferings
On parade. Exalted mother of us all
Tending her bundles on the sidewalk,
Speaking to each as if it were a holy child.

There were many who saw none of this.
A couple lingered on kissing lustily
Right where someone lay under a newspaper.
His bloody feet, swollen twice their size,
Jutted out into the cold of the day,
Grim proofs of a new doctrine.

I tell you, I was afraid. A man screamed.
And continued walking as if nothing had happened.
Everyone whose eyes I sought avoided mine.
Was I beginning to resemble him a little?
I had no answer to any of these questions.
Neither did the crucified on the next corner.

A cidade

Ao menos um crucificado em cada esquina.
Os olhos de um místico, louco, assassino.
Sabem que é verdadeiramente em vão.
Os olhos sabem. Todos os sofrimentos do mártir
Em desfile. A exaltada mãe de todos nós
Cuida de suas trouxas na calçada, e fala
A cada uma como se fosse uma criança santa.

Havia muitos que não viram nada disso.
Um casal continuou se beijando obscenamente,
No mesmo lugar onde alguém se deitara sob um jornal.
Os pés sangrando, inchados até o dobro do tamanho,
Espichavam-se para fora no frio do dia.
Evidências sombrias de uma nova doutrina.

Te garanto, fiquei com medo. Um homem gritou.
E seguiu andando como se nada tivesse acontecido.
Todos a quem eu olhava nos olhos me evitavam.
Será que eu já começava a me parecer um pouco com ele?
Não tinha respostas para nenhuma dessas perguntas.
Tampouco as tinha o crucificado na esquina seguinte.

Late September

The mail truck goes down the coast
Carrying a single letter.
At the end of a long pier
The bored seagull lifts a leg now and then
And forgets to put it down.
There is a menace in the air
Of tragedies in the making.

Last night you thought you heard television
In the house next door.
You were sure it was some new
Horror they were reporting,
So you went out to find out.
Barefoot, wearing just shorts.
It was only the sea sounding weary
After so many lifetimes
Of pretending to be rushing off somewhere
And never getting anywhere.

This morning, it felt like Sunday.
The heavens did their part
By casting no shadow along the boardwalk
Or the row of vacant cottages,
Among them a small church
With a dozen gray tombstones huddled close
As if they, too, had the shivers.

Fim de setembro

O caminhão do correio desce a costa
Levando uma única carta.
No final de um longo píer
A entediada gaivota ergue a perna de vez em quando
E se esquece de baixá-la.
Há no ar uma ameaça
De tragédias em preparo.

Na noite passada você julgou ter ouvido
A televisão na casa vizinha.
Estava seguro de que relatavam
Algum novo horror e então
Saiu descalço para averiguar
Usando apenas um short.
Era só o mar soando exausto
Após muitas vidas
Fingindo apressar-se rumo a algum lugar
Sem jamais chegar a lugar algum.

Esta manhã parece domingo.
Os céus fizeram a sua parte
Nenhuma sombra sobre o calçadão de madeira
Ou sobre a fila de cabanas vazias
Entre as quais há uma pequena igreja
Com uma dúzia de lápides cinzentas aconchegadas
Como se sentissem elas também os calafrios.

A Book Full of Pictures

Father studied theology through the mail
And this was exam time.
Mother knitted. I sat quiet with a book
Full of pictures. Night fell.
My hands grew cold touching the faces
Of dead kings and queens.

There was a black raincoat
 in the upstairs bedroom
Swaying from the ceiling,
But what was it doing there?
Mother's long needles made quick crosses.
They were black
Like the inside of my head just then.

The pages I turned sounded like wings.
"The soul is a bird", he once said.
In my book full of pictures
A battle raged: lances and swords
Made a kind of wintry forest
With my heart spiked and bleeding in its branches.

Um livro cheio de figuras

O pai estudava teologia por correspondência
E era época de exames.
A mãe tricotava. Eu ficava quieto com meu livro
Cheio de figuras. Anoitecia.
Minhas mãos ficavam frias tocando os rostos
De reis e rainhas mortas.

Havia um casaco negro
no quarto de cima
Pendendo do teto,
Mas o que fazia ali?
As longas unhas da mãe faziam cruzes ligeiras.
Eram negras
Como o interior de minha cabeça naquela hora.

As páginas que eu virava soavam como asas.
"A alma é um pássaro", disse ele uma vez.
No meu livro cheio de figuras
Uma batalha rugia: lanças e espadas
Formavam uma espécie de floresta fria
Com meu coração cravado e sangrando em seus galhos.

The Secret

I have my excuse, Mr. Death,
The old note my mother wrote
The day I missed school.
Snow fell. I told her my head hurt
And my chest. The clock struck
The hour, I lay in my father's bed
Pretending to be asleep.

Through the windows I could see
The snow-covered roofs. In my mind
I rode a horse; I was in a ship
On a stormy sea. Then I dozed off.
When I woke, the house was still.
Where was my mother?
Had she written the note and left?

I rose and went searching for her.
In the kitchen our white cat sat
Picking at the bloody head of a fish.
In the bathroom the tub was full,
The mirror and the window fogged over.

When I wiped them, I saw my mother
In her bathrobe and slippers
Talking to a soldier on the street
While the snow went on falling,
And she put a finger
To her slips, and held it there.

O segredo

Tenho minha desculpa, Sr. Morte,
O velho bilhete que minha mãe escreveu
No dia em que faltei à escola.
Nevava. Falei que minha cabeça doía
E o peito também. O relógio deu
A hora, deitei na cama do meu pai
Fingindo dormir.

Pela janela pude ver
Telhados cobertos de neve. Na minha cabeça,
Eu montava um cavalo; estava num navio,
Num mar tormentoso. Então cochilei.
Quando acordei, a casa estava calma.
Onde estava minha mãe?
Escrevera o bilhete e partira?

Levantei e fui procurá-la.
Na cozinha nosso gato branco
Mordiscava a cabeça sangrenta de um peixe.
No banheiro, a banheira estava cheia,
O espelho e a janela embaçados.

Quando os enxuguei, vi minha mãe
De roupão de banho e chinelos
Falando com um soldado na rua
Enquanto a neve ia caindo,
E ela pôs um dedo
Sobre os lábios, e lá o deixou.

My Father Attributed Immortality to Waiters

for Derek Walcott

For surely, there's no difficult in understanding
The unreality of an occasional customer
Such as ourselves seated at one of the many tables
As pale as the cloth that covers them.

Time in its augmentations and diminutions
Does not concern these two in the least.
They stand side by side facing the street,
Wearing identical white jackets and fixes smiles,

Ready to incline their heads in welcome
Should one of us come through the door
After reading the high-priced menu on this street
Of many hunched figures and raised collars.

Meu pai conferia imortalidade aos garçons

para Derek Walcott

Decerto não há dificuldade em compreender
A irrealidade de um freguês ocasional
Como nós mesmos sentados numa das muitas mesas
Pálidos como a toalha que as cobre.

O tempo, em seus acréscimos e decréscimos,
Não diz respeito a esses dois de modo algum.
Eles ficam lado a lado olhando a rua
Com seus paletós brancos idênticos e sorrisos fixos,

Prestes a inclinar as cabeças num cumprimento
Caso um de nós ultrapasse a porta
Após ler o menu de altos preços nesta rua
Cheia de figuras curvadas e colarinhos em riste.

The Devils

You were a "victim of semiromantic anarchism
In its most irrational form."
I was "ill at ease in an ambiguous world

Deserted by Providence." We drank wine
And made love in the afternoon. The neighbors'
TVs were tuned to soap operas.

The unhappy couples spoke little.
There were interminable pauses.
Soft organ music. Someone coughing.

"It's like Strindberg's *Dream Play*," you said.
"What is?" I asked and got no reply.
I was watching a spider on the ceiling.

It was the kind St. Veronica ate in her martyrdom.
"That woman subsisted on spiders only".
I told the janitor when he came to fix the faucet.

He wore dirty overalls and a derby hat.
Once he had been an inmate of a notorious state institution.
"I'm no longer Jesus," he informed us happily.

He believed only is devils now.
"This building is full of them," he confided.
One could see their horns and tails

If one caught them in their baths.
"He's got Dark Ages on his brain," you said.
"Who does?" I asked and got no reply.

Os demônios

Você é uma vítima "do anarquismo semirromântico
Na sua forma mais irracional".
Eu estava "desassossegado num mundo ambíguo

Abandonado pela Providência". Bebemos vinho
E trepamos à tarde. A tevê dos vizinhos
Sintonizada nas novelas.

Os casais infelizes conversavam pouco.
Havia pausas intermináveis.
Suave música de órgão. Alguém tossindo.

"É como na peça *O sonho*, de Strindberg", você disse.
"O que é?", perguntei e não tive resposta.
Eu observava uma aranha no teto.

Do tipo que santa Verônica comeu em seu martírio.
A mulher viveu só à base de aranhas,
Contei ao zelador, quando veio consertar a torneira.

Ele vestia um macacão sujo e chapéu-coco.
Havia sido internado numa conhecida instituição pública.
"Não sou mais Jesus", informou-nos alegremente.

Agora, só acredita em demônios.
"Este prédio está cheio deles", confessa.
Dava para ver os cornos e as caudas

Se apanhasse algum deles no banho...
"Ele guarda a Idade das Trevas na mente", você disse.
"Quem?", perguntei e não tive resposta.

The spider had the beginnings of a web
Over our heads. The world was quiet
Except when one of us took a sip of wine.

A aranha havia armado o começo de uma teia
Sobre nossas cabeças. O mundo ficou quieto
Exceto quando um de nós tomou um gole de vinho.

Factory

The machines were gone, and so were those who worked them.
A single high-backed chair stood like a throne
In all that empty space.
I was on the floor making myself comfortable
For a long night of little sleep and much thinking.

An empty birdcage hung from a steam pipe.
In it I kept an apple and a small paring knife.
I placed newspapers all around me on the floor
So I could jump at the slightest rustle.
It was like the scratching of a pen,
The silence of the night writing in its diary.

Of rats who came to pay me a visit
I had the highest opinion.
They'd stand on two feet
As if about to make a polite request
On a matter of great importance.

Many other strange things came to pass.
Once a naked woman climbed on the chair
To reach the apple in the cage.
I was on the floor watching her go on tiptoe,
Her hand fluttering in the cage like a bird.

On other days, the sun peeked through dusty windowpanes
To see what time it was. But there was no clock,
Only the knife in the cage, glinting like a mirror,
And the chair in the far corner
Where someone once sat facing the brick wall.

Fábrica

As máquinas se foram, como os que nelas trabalhavam.
Só uma cadeira de encosto se destacava como um trono
Em todo aquele espaço vazio.
Eu estava no chão procurando ficar à vontade
Para uma longa noite de algum sono e muita reflexão.

Uma gaiola vazia balançava presa a um cano.
Lá dentro botei uma maçã e uma faquinha de descascar.
Espalhei jornais por todo o chão ao meu redor
De modo que pudesse pular ao menor ruído.
Era como o risco de uma caneta,
O silêncio da noite escrevendo em seu diário.

Dos ratos que vinham me visitar
Eu tinha o melhor dos conceitos.
Eles ficavam em duas patas
Como se prestes a fazer um educado pedido
A respeito de algo muito importante.

Muitas outras coisas estranhas se passaram.
Uma vez uma mulher nua subiu na cadeira
Para apanhar a maçã na gaiola.
Eu estava no chão vendo-a na ponta dos pés
Sua mão se agitava na gaiola como um pássaro.

Nos outros dias, o sol espiou através das vidraças empoeiradas
Para ver que horas eram. Mas não havia relógio,
Apenas a faca na gaiola, reluzindo como um espelho,
E a cadeira no canto distante
Onde alguém uma vez se sentara de frente para a parede
[de tijolos.

Explaining a Few Things

Every worm is a martyr,
Every sparrow subject to injustice,
I said to my cat,
Since there was no one else around.

It's raining. In spite of their huge armies
What can the ants do?
And the roach on the wall
Like a waiter in an empty restaurant?

I'm going down to the cellar
To stroke the rat caught in a trap.
You watch the sky.
If it clears, scratch on the door.

Explicando algumas coisas

Todo verme é um mártir,
Todo pardal sujeita-se à injustiça,
Eu disse ao meu gato,
Já que não havia mais ninguém por perto.

Está chovendo. Apesar de seus enormes exércitos
O que podem fazer as formigas?
E a barata na parede
Como um garçom num restaurante vazio?

Desço ao porão para afagar
O rato preso na ratoeira.
Fique de olho no céu.
Se clarear, arranhe a porta.

Past-Lives Therapy

They explained to me the bloody bandages
On the floor in the maternity ward in Rochester, N.Y.,
Cured the backache I acquired bowing to my old master,
Made me stop putting thumbtacks round my bed.

They showed me an officer on horseback,
Waving a saber next to a burning farmhouse
And a barefoot woman in a nightgown,
Throwing stones after him and calling him Lucifer.

I was a straw-headed boy in patched overalls.
Come dark a chicken would roost in my hair.
Some even laid eggs as I played my ukulele
And my mother and father crossed themselves.

Next, I saw myself inside an abandoned gas station
Constructing a spaceship out of a coffin,
Red traffic cone, cement mixer and ear warmers,
When a church lady fainted seeing me in my underwear.

Some days, however, they open door after door,
Always to a different room, and could not find me.
There'd be only a small squeak now and then,
As if a miner's canary got caught in a mousetrap.

Terapia de vidas passadas

Eles me explicaram as bandagens ensanguentadas
No chão da ala de uma maternidade em Rochester, N.Y.,
Curaram a dor nas costas que eu ganhei curvando-me ao
                                        [velho mestre,
Me fizeram parar de pôr tachinhas em volta da cama.

Me mostraram um comandante a cavalo
Acenando com um sabre ao lado de uma fazenda em chamas
E uma mulher descalça num vestido de noite
Atirando pedras em sua direção e chamando-o Lúcifer.

Eu era um pirralho cabeça de palha num macacão remendado.
Quando escurecia uma galinha pousava em meus cabelos.
Algumas até punham ovos enquanto eu tocava meu ukulele
E mamãe e papai faziam o sinal da cruz.

Em seguida, eu estava num posto de gasolina abandonado
Construindo uma espaçonave com um caixão,
Um cone de rua vermelho, misturador de cimento e
                                        [tapa-orelhas,
Quando uma beata desmaiou ao me ver de cuecas.

Alguns dias, entretanto, eles abrem portas e mais portas,
Sempre para um quarto diferente, sem me encontrar.
Haveria só um guincho miúdo de vez em quando
Como um canário de mina preso numa ratoeira.

The stone is a mirror which works poorly. Nothing in it but dimness. Your dimness or its dimness, who's to say? In the hush your heart sounds like a black cricket.

A pedra é um espelho que funciona precariamente. Nada nela além de obscuridade. A tua obscuridade ou a dela, quem poderá dizer? No silêncio teu coração soa como um grilo negro.

Everything's foreseeable. Everything has already been foreseen. What has been fated cannot be avoided. Even this boiled potato. This fork. This chunk of dark bread. This thought too...

My grandmother sweeping the sidewalk knows that. She says there's no god, only an eye here and there that sees clearly. The neighbors are too busy watching TV to burn her as a witch.

Tudo é previsível. Tudo já foi previsto. O que está escrito não pode ser evitado. Até mesmo esta batata cozida. Este garfo. Este naco de pão preto. Este pensamento inclusive...

Minha avó varrendo a calçada sabe disso. Diz que não há Deus, só um olho aqui e ali que vê com clareza. Os vizinhos estão ocupados demais vendo televisão para queimá-la como bruxa.

Margaret was copying a recipe for "saints roasted with onions" from an old cook book. The ten thousand sounds of the world were hushed so we could hear the scratchings of her pen. The saint was asleep in the bedroom with a wet cloth over his eyes. Outside the window, the author of the book sat in a flowering apple tree killing lice between his fingernails.

Margaret copiava a receita de "santos assados com cebolas" de um velho livro de culinária. Os dez mil sons do mundo calaram para que pudéssemos ouvir os riscos de sua caneta. O santo dormia no quarto com um pano molhado sobre os olhos. Do lado de fora da janela, sentado numa macieira em flor, o autor do livro matava piolho entre as unhas.

The dead man steps down from the scaffold. He holds his bloody head under his arm.

The apple trees are in flower. He's making his way to the village tavern with everybody watching. There, he takes a seat at one of the tables and orders two beers, one for him and one for his head. My mother wipes her hands on her apron and serves him.

It's so quiet in the world. One can hear the old river, which in its confusion sometimes forgets and flows backwards.

O morto desce do cadafalso. Leva a cabeça ensanguentada sob o braço.

As macieiras estão em flor. Ele segue em direção à taverna da cidade sob os olhares de todos. Lá, senta-se em uma das mesas e pede duas cervejas, uma para si, outra para a cabeça. Minha mãe enxuga as mãos no avental e serve-o.

Tudo tão quieto no mundo. Pode-se ouvir o velho rio, que em sua confusão às vezes esquece e corre ao contrário.

My guardian angel is afraid of the dark. He pretends he's not, sends me ahead, tells me he'll be along in a moment. Pretty soon I can't see a thing. "This must be the darkest corner of heaven," someone whispers behind my back. It turns out her guardian angel is missing too. "It's an outrage," I tell her. "The dirty little cowards leaving us all alone," she whispers. And of course, for all we know, I might be a hundred years old already, and she is just a sleepy little girl with glasses.

Meu anjo da guarda tem medo do escuro. Finge não ter, me manda ir na frente, diz que me alcança num instante. Pouco depois não consigo ver mais nada. "Aqui deve ser o lugar mais escuro do paraíso", ouço alguém sussurrar às minhas costas. O anjo da guarda dela também sumiu. "É um absurdo", digo a ela. "Esses sacaninhas covardes nos deixam aqui sozinhos", ela sussurra. E é claro, até onde sabemos, eu posso já ter uns cem anos, e ela é só uma garotinha sonolenta de óculos.

Popular Mechanics

The enormous engineering problems
You'll encounter attempting to crucify yourself
Without helpers, pulleys, cogwheels,
And other clever mechanical contrivances —

In a small, bare, white room,
With only a loose-legged chair
To reach the height of the ceiling —
Only a shoe to beat the nails in.

Not to mention being naked for the occasion —
So that each rib and muscle shows.
Your left hand already spiked in,
Only the right to wipe the sweat with,

To help yourself to a butt
From the overflowed ashtray,
You won't quite manage to light —
And the night coming, the whiz night.

Mecânica popular

Os enormes problemas de engenharia
Que você encontrará ao tentar crucificar-se a si mesmo
Sem ajudantes, roldanas, engrenagens
Ou qualquer outro inteligente dispositivo mecânico —

Num cômodo pequeno, vazio, branco
Apenas com uma cadeira de pernas bambas
Para alcançar a altura do teto —
Apenas um sapato para bater os pregos.

Isso para não mencionar a nudez para a ocasião —
De modo que cada costela e músculo apareçam.
A mão esquerda já cravada
Apenas a direita livre para enxugar o suor,

Ou alcançar uma bituca
No cinzeiro transbordando
E que você mal conseguirá acender —
Enquanto chega a noite, a noite zumbindo.

Department of Public Monuments

If Justice and Liberty
Can be raised to pedestals,
Why not History?

It could be that fat woman
In faded overalls
Outside a house trailer
On a muddy road to some place called Pittsfield or Babylon.

She draws the magic circle
So the chickens can't get out,
Then she hobbles to the kitchen
For the knife and pail.

Today she's back carrying
A sack of yellow corn.
You can hear the hens cluck,
The dogs rattle their chains.

Departamento de Monumentos Públicos

Se Justiça e Liberdade
Podem subir aos pedestais
Por que não a História?

Pode ser a mulher gorda
De macacão desbotado
Na porta de um trailer
Na estrada de terra a caminho de algum lugar chamado
[Pittsfield ou Babilônia.

Ela desenha o círculo mágico
Para as galinhas não fugirem
E vai mancando até a cozinha
Atrás da faca e do balde.

Mas hoje ela volta trazendo apenas
Um saco de milho amarelo.
Ouvem-se os cacarejos,
Os cães agitam suas correntes.

Silent Child

He steals a hair
From the sleeping god.
It used to fall
Over the angry eye.

Dark wet hair
In the palm of his hand
As if just bitten
By the thundering mouth.

O silent one!
In faded blue overalls
On the rickety porch
Of a grand old house.

Menino calado

Rouba um fio de cabelo
Do deus adormecido.
Era o que caía
Sobre o olho do ódio.

Cabelo negro molhado
Na palma de sua mão
Como se uma tempestade
Acabasse de mordê-lo.

Tão calado!
De macacão azul desbotado
Na varanda arruinada
De um antigo casarão.

Department of Complaints

Where you are destined to turn up
Some dark winter day
Walking up and down dead escalators
Searching for someone to ask
In this dusty old store
Soon to close its door forever.

At long last, finding the place, the desk
Stacked high with sales slips,
Concealing the face of the one
You come to complain to
About the coat on your back
Its frayed collar, the holes in its pockets.

Recalling the stately fitting room,
The obsequious salesman, the grim tailor
Who stuck pins in your shoulders
And made chalk marks on your sleeves
As you admired yourself in a mirror,
Your fists clenched fiercely at your side.

Departamento de Reclamações

Onde você vai acabar dando as caras
Num dia escuro de inverno
Percorrendo as escadas rolantes vazias
Em busca de alguém que lhe atenda
Na velha loja empoeirada
Prestes a fechar as portas para sempre.

Até finalmente achar o lugar, a mesa
Abarrotada de folhetos de promoções
Escondendo o rosto daquele
A quem você veio reclamar
Do casaco em suas costas
O colarinho puído, os furos nos bolsos.

Lembrar da dignidade antiga do provador
O vendedor obsequioso, o alfaiate sombrio
Que lhe enfiou alfinetes no ombro
E marcou as mangas com giz
Enquanto você se admirava no espelho
Os punhos bem cerrados ao lado.

The Ice Cubes Are on Fire

In a kitchen with blinds drawn,
The woman bent over a sink,
Rubbing ice cubes over her face,
Stops to peek through a slit.

A neighbor's dog is loose
Sniffing around the trash cans,
Happy to be free of his chain
On this day of sweltering heat,

Or so she thinks as she resumes
Cooling her throat and shoulders,
Shivering down to her painted toes,
Her eyes shut against the sun.

Os cubos de gelo estão em chamas

Numa cozinha com as persianas baixadas,
A mulher inclinada sobre a pia,
Passando cubos de gelo na cara,
Para e espia pela fresta.

O cachorro do vizinho está solto
Farejando latas de lixo,
Contente de estar livre da coleira
Neste dia de calor sufocante,

Ou é o que ela pensa enquanto volta
A resfriar a garganta e os ombros,
Tremendo até os dedos pintados do pé
Os olhos fechados contra o sol.

Eternity's Orphans

One night you and I were walking.
The moon was so bright
We could see the path under the trees.
Then the clouds came and hid it
So we had to grope our way
Till we felt the sand under our bare feet,
And heard the pounding waves.

Do you remember telling me,
"Everything outside this moment is a lie"?
We were undressing in the dark
Right at the water's edge
When I slipped the watch from my wrist
And without being seen or saying
Anything in reply, I threw it into the sea.

Órfãos da Eternidade

Uma noite você e eu caminhávamos.
A lua estava tão clara
Que podíamos ver a trilha sob as árvores.
Então as nuvens vieram e a esconderam
E tivemos que tatear o caminho
Até sentir areia sob os pés descalços
E ouvir as ondas quebrando.

Lembra que você me disse:
"Tudo fora deste momento é uma mentira"?
Nos despíamos no escuro
Bem na linha da água
Quando tirei meu relógio do pulso
E, sem ser visto ou dizer
Nada em resposta, joguei-o no mar.

Worriers Anonymous

We are a doomsday sect
With a membership that runs into millions.
The waitress stepping out for a quick smoke
And the yellow dog tied outside the bank,
We don't need nametags to know each other.

Inmates of invisible prisons, hospitals and madhouses,
It's the season of vague premonitions,
Rumbling thoughts, deepening panic.
Yesterday, some lucky fellow won the lottery,
An old lady got killed by a falling brick.

It's the way the old couple hold hands —
They may have just come out of an elevator
That have been stuck for hours,
Grateful for a breather before some fresh worry
Draws close to darken their day.

Preocupados Anônimos

Somos uma seita apocalíptica
Com adeptos que chegam a milhões.
A garçonete que sai para um cigarro rápido
E o cachorro amarrado à porta do banco,
Não precisamos de crachás para nos reconhecer.

Internos de prisões, hospitais e hospícios invisíveis,
É chegada a estação de vagas premonições,
Pensamentos tempestuosos, espirais de pânico.
Ontem algum sortudo ganhou na loteria
Uma senhora morreu atingida por um tijolo.

O modo como o casal de velhinhos enlaça as mãos —
Talvez recém-saídos de um elevador
Onde ficaram presos por horas,
Gratos pelo alívio, antes que uma nova preocupação
Se aproxime para escurecer seu dia.

Scribbled in the Dark

A shout in the street.
Someone locking horns with his demon.
Then, calm returning.
The wind tousling the leaves.
The birds in their nests
Pleased to be rocked back to sleep.
Night turning cool.
Streams of blood in the gutter
Waiting for sunrise.

Rabiscos no escuro

Um grito na rua.
Alguém se engalfinha com seus demônios.
Depois, a calma volta.
O vento desalinha as folhas.
Os pássaros em seus ninhos
Contentes de ser embalados de volta ao sono.
A noite arrefece.
Fios de sangue na sarjeta
Esperam o amanhecer.

Summer Light

It likes empty churches
At the blue hour of dawn.

The shadows parting
Like curtains in a sideshow,

The eye of the crucified
Staring down from the cross

As if seeing his bloody feet
For the very first time.

Luz de verão

Gosta de igrejas vazias
Na hora azul da aurora.

As sombras se abrindo
Como cortinas de um teatrinho,

O olho do crucificado
Olhando para baixo do alto da cruz

Como se visse seus pés ensanguentados
Pela primeira vez.

Description of a Lost Thing

It never had a name,
Nor do I remember how I found it.
I carried it in my pocket
Like a lost button
Except it wasn't a button.

Horror movies,
All-night cafeterias,
Dark barrooms
And poolhalls,
On rain-slicked streets.

It led a quiet, unremarkable existence
Like a shadow in a dream,
An angel on a pin,
And then it vanished.
The years passed with their row

Of nameless stations,
Till somebody told me *this is it!*
And fool that I was,
I got off on an empty platform
With no town in sight.

Descrição de algo perdido

Nunca teve um nome
E não me lembro de como o encontrei.
Carregava-o no bolso
Como um botão perdido
Exceto por não ser um botão.

Filmes de terror
Lanchonetes 24 horas,
Botequins escuros
E casas de bilhar
Em ruas molhadas de chuva.

Levava uma existência quieta, inexpressiva,
Como uma sombra em um sonho,
Um anjo num alfinete,
E então sumiu.
Os anos passaram com sua fila

De estações sem nome,
Até que alguém anunciou *é aqui!*
E tolo que eu era
Desembarquei na plataforma vazia
Sem nenhuma cidade à vista.

Snowy Morning Blues

The translator is a close reader.
He wears thick glasses
As he peers out the window
At the snowy fields and bushes
That are like a sheet of paper
Covered with quick scribble
In a language he knows well enough,
Without knowing any words in it,

Only what the eyes discern,
And the heart intuits of its idiom.
So quiet now, not even a faint
Rustle of a page being turned
In a white and wordless dictionary
For the translator to avail himself
Before whatever words are there
Grow obscure in the coming darkness.

Blues da manhã nevada

O tradutor é um leitor acirrado.
Usa óculos espessos
Enquanto espreita pela janela
Os campos e arbustos nevados
Que são como uma folha de papel
Coberta de rabiscos apressados
Em uma língua que conhece bem o bastante
Sem saber uma palavra dela,

Apenas o que os olhos discernem,
E o coração intui de seu idioma.
Tão quieto agora, nem mesmo um leve
Roçar de uma página virada
Num dicionário branco e sem palavras
De que o tradutor possa se valer
Antes que quaisquer palavras ali
Mergulhem na escuridão que chega.

Charles Simic:
janelas para o bombardeio

Ricardo Rizzo

I

Um dos mais notáveis poetas em atividade nos Estados Unidos, Charles Simic nasceu em 1938, em Belgrado, então capital do Reino da Iugoslávia. Após uma infância em meio a bombardeios, ocupação nazista e guerra civil — fenômenos cuja possibilidade de compreensão talvez constitua o motivo mais fundamental de sua poesia —, Simic emigrou com a mãe e um irmão, primeiro para a França e em seguida para os Estados Unidos, onde se estabeleceu em 1954, reunindo-se com o pai, que havia emigrado dez anos antes. Em uma frase repetida em entrevistas e artigos, o poeta diz que seus "agentes de viagem" foram Hitler e Stálin. Trata-se, até aí, como o próprio poeta observa, de "uma história familiar", comum a uma multidão de deslocados por crises e conflitos armados, um contingente que chegou, em 2020, a mais de 70 milhões de pessoas, entre refugiados e deslocados internos em todo o mundo.

Se a trajetória de Simic como um refugiado no pós-guerra é parecida com a de muitos outros que buscaram refazer a vida na "América", sua trajetória como poeta imigrante nos Estados Unidos é bastante singular. Após o aparecimento de seus primeiros poemas, publicados na *Chicago Review* em 1959, apenas cinco anos depois de sua chegada aos Estados Unidos, e da publicação de seus primeiros livros a partir de 1967, Simic ganha reconhecimento por suas traduções de poetas da ex-Iugoslávia, como Vasko Popa. Desde então, passa a acumular distinções e premiações literárias que culminam no prêmio Pulitzer, em 1990, pelo livro de poemas em prosa *The World Doesn't End*, de 1989, sua décima primeira coletânea poética ao longo de 22 anos (aí incluída a antologia *Selected Poems*, de 1985). Trabalhando desde 1975 como professor na Universidade de New Hampshire, Simic foi designado "poeta laureado" pela Biblioteca do Congresso norte-americano em 2007. Além das premiações pela obra poética, ele tem sido um colaborador frequente de algumas das principais publicações literárias norte-americanas, com contribuições que vão desde poemas, traduções e resenhas a ensaios de maior fôlego e textos sobre arte, cultura e política.

A trajetória do "poeta laureado", cujo currículo espelha a variedade das vias de institucionalização literária nos Estados Unidos, é acompanhada de uma significativa fortuna crítica, que se debruçou sobre a estranheza de suas paisagens, personagens e situações, as influências surrealistas, o verso conciso, o humor *noir*, sua teoria e prática da imagem poética, sua interpelação da história, da violência e do arbítrio, suas concepções filosóficas e ideias sobre arte e poesia, expostas em ensaios, resenhas e memórias.

De maneira geral, os estudos mais relevantes sobre a poesia de Simic apontam sua originalidade no terreno em que, escrevendo sempre em inglês, buscou se firmar: o do modernismo que remonta à grande tradição lírica norte-americana de Whitman, Emerson e Dickinson, referências centrais para o poeta. Diana Engelman procurou ver na "tradução interna" entre os dois "idiomas" de que Simic é portador e na "dualidade do exílio" o mecanismo por trás de seus "inesperados padrões imagéticos".[1] Em alguns críticos, a referência à tradição e ao folclore do Leste Europeu surge com certa insistência

---

[1] Diana Engelman, "'Speaking in Tongues': Exile and Internal Translation in the Poetry of Charles Simic", *The Antioch Review*, Ohio, v. 62, n. 1, p. 47, 2004.

para explicar a atmosfera desconcertante de seus poemas — "o corvo da memória sérvia, o corvo do folclore e do pavor", nas palavras de um de seus entusiasmados leitores, o poeta irlandês Seamus Heaney.[2]

A referência à "memória sérvia" não basta, naturalmente, para trilhar os caminhos imagéticos de Simic, abertos pela memória individual e por uma mediação central que é a da experiência da migração forçada, o limite não apenas entre a terra natal e a América, mas entre a infância e a vida adulta, a guerra e a paz — distinções que se interpenetram a todo tempo. Não por acaso, K. E. Duffin notou com perspicácia o papel que as janelas desempenham na poesia de Simic, frequentemente assinalando a posição de um observador exilado, a fronteira entre a iluminação urbana e a obscuridade (irresistível) dos interiores. Duffin destaca nos versos do poeta a alternância entre "transparência, opacidade e espelhos", em movimentos que instituem os personagens do voyeur e do prisioneiro — um, colecionador compulsivo de imagens; outro, condenado a produzi-las a partir de fragmentos.[3] No poema "Ao que cava", ambos os personagens comparecem, ao lado de um terceiro, o imaginado carcereiro, que opera uma troca de lugar entre os dois polos originais.

A mediação que Simic estabelece entre tempos e mundos, como também entre destinos coletivos e individuais, da qual as janelas, espelhos, paredes, limites e distâncias são índice, decorre não só da "tradução interna" ou da justaposição entre tradições "exóticas" e uma nova situação no Novo Mundo, mas da sua capacidade de compreensão e inspeção crítica dessa terra prometida. Ao comentar a influência de Simic entre "os poetas mais jovens" nos Estados Unidos, Karen Volkman a atribui "à sua capacidade de figurar o desconcerto e a violência

2 Seamus Heaney, "Shorts for Simic", *Agni*, Boston, n. 44, pp. 202-8, 1996.
3 K. E. Duffin, "The Voyeur and the Prisoner: Simic's Windows", *Harvard Review*, n. 13, pp. 63-76, 1997.

latentes no provincianismo de nossa criação americana", o que lhe reserva o lugar de "poeta laureado da nossa inquietude".[4] Os temas da estranheza, da inquietude e do desconcerto, das influências surrealistas (ao lado da ironia e do seu interesse pelo "transcendentalismo", pelos filósofos místicos e pela metafísica), são também alguns dos principais focos a partir dos quais a crítica procura situar a poesia de Simic, embora quase sempre com a forte intuição de que o seu enquadramento na prateleira dos surrealistas exige adaptações significativas. Para Volkman, Simic foi contagiado por uma "cepa mutante" do vírus surrealista, descendente de Apollinaire, "embora mais impuro".[5] Para Seamus Heaney, "uma gravidade específica" o livra de incorrer no "pecado surrealista da ligeireza" ("suas metáforas e mises en scène estão sempre sujeitas à força G do sofrimento humano").[6] O poeta irlandês identifica no colega sérvio "o estranho dom de abrir caminho para dentro de uma consciência mítica e para fora, em direção ao mundo", remetendo novamente às mediações que conferem a essa poesia o sentimento permanente de "uma certa duplicidade". E essa duplicidade, continua Heaney, adquire importante dimensão humana e social pela sugestão de que "há sempre uma vida de porão" sob o andar térreo, uma imantação que atrai a atenção do poeta para esses habitantes, para o mundo dos trabalhadores e do lumpesinato urbano, as vítimas comuns da guerra e da história, os operários pobres da Chicago de sua adolescência ou a "vidente desempregada" que dá título a uma de suas coletâneas de ensaios. Essa duplicidade de planos — que pode ir do metafísico ao derrisório — resulta, ainda segundo Heaney, na atmosfera *noir* de muitos poemas, uma mistura de

4 Karen Volkman, "The World Doesn't End: Charles Simic's Spectral Geography", *Harvard Review*, n. 13, pp. 51-4, 1997. 5 Ibid., p. 53. 6 Seamus Heaney, op. cit., p. 204. "Minha queixa sobre o surrealismo: ele venera a imaginação através do intelecto", diz Simic em *Wonderful Words, Silent Truth: Essays on Poetry and a Memoir* (Michigan: University of Michigan Press, 1990), p. 86.

Raymond Chandler e Giorgio de Chirico, ou ainda naquele momento em que "o método mítico encontra Bart Simpson".[7] O apontamento dessas características ou linhas de força frequentemente vem acompanhado da indicação de que a poesia de Charles Simic seria "única" no contexto da poesia contemporânea nos Estados Unidos. Muitas vezes mencionado ao lado de poetas como Mark Strand (com quem organizou e traduziu uma antologia de poesia europeia e sul-americana),[8] John Ashbery e James Tate (com quem chegou a produzir um conjunto de poemas a quatro mãos),[9] o próprio Simic, sem deixar de considerar o que aprendeu com seus contemporâneos (como Bill Knott), nem de reconhecer a importância das vanguardas modernistas e surrealistas na sua formação, parece valorizar essa percepção, de certa forma ecoada no seu elogio a Vasko Popa: "Pode ser que, no final das contas, muito da literatura mais original do último século tenha vindo não das fileiras dos variados movimentos consagrados ou de vanguarda, mas do trabalho de completos outsiders, cuja prosa e poesia foram uma mistura de influências nativas e estrangeiras, tanto quanto fruto de seu próprio gênio". A "estranha mistura de surrealismo e folclore" da poesia de Vasko Popa, continua Simic, a torna muitas vezes epítome de uma certa literatura do Leste Europeu, ao mesmo tempo que, assinala o nosso poeta-tradutor, "nenhum outro poeta sérvio se parece com Popa".[10]

Simic não se filia a nenhum movimento, mas revela, em seu percurso formativo, a busca individual de uma voz que comungue da originalidade e da intensidade do surrealismo e das vanguardas modernistas em artes visuais e poesia, o que também o leva à descoberta da poesia latino-americana. Nas suas

---

7 Seamus Heaney, op. cit., p. 205. **8** Charles Simic e Mark Strand (orgs. e trad.), *Another Republic: 17 European and South American Writers (poems)*. Nova York: Ecco, 1976. **9** Charles Simic e James Tate, "Poems for Salome", *Chicago Review*, v. 42, n. 3/4, pp. 122-3, 1996. **10** Charles Simic, "Introdução", in: Vasko Popa, *Selected Poems*. Nova York: New York Review of Books, 2018, p. XI.

memórias (*A Fly in the Soup*, 2007), narra com entusiasmo o momento em que se deparou com a *Anthology of Contemporary Latin-American Poetry* (1942), organizada por Dudley Fitts ("o livro que fez toda a diferença para a minha ideia de poesia").[11] Ali Simic encontrou, em 1958, nos poemas de Borges, Neruda, Guillén, Octavio Paz, Drummond e Jorge de Lima, entre outros, a combinação de "surrealismo, misticismo, erotismo e voos de romance e retórica" que faria com que a poesia que então se publicava nas revistas literárias americanas lhe parecesse "bastante tímida", séria, sofisticada, tediosa, incapaz de alcançar a intensidade de um Jorge de Lima descrevendo a Virgem tatuada por Deus.[12]

A busca de Simic pela intensidade imagética, muitas vezes associada por ele à "necessidade da poesia" de habilitar a linguagem (precária) a dar conta da realidade, sugere um programa quase existencial. E esse programa artístico não se realiza apenas na "imagem", na invenção ou amplitude das metáforas. A "gravidade" que Seamus Heaney identifica nessa poesia indica a existência de uma camada histórica que a remete de volta ao solo, de onde puxa o arrasto com que varre o tempo, os espaços, as instituições, os objetos e as pessoas. Para Helen Vendler, Simic toma parte em algumas das causas defendidas pelos "Language Poets", mas "ali onde eles são com frequência meramente inteligentes, ele é inteligente, aterrorizante e devastador".[13] Vendler concorda que Simic trouxe "insubordinação alegórica" à linguagem direta

---

11 Charles Simic, *A Fly in the Soup: Memoirs*. Michigan: The University of Michigan Press, 2000, p. 93. 12 Ibid. O poema de Jorge de Lima mencionado é o "Poema de qualquer virgem", publicado em *A túnica inconsútil* (1938). 13 Helen Vendler, "A Word of Forebonding", in: *Soul Says, on Recent Poetry*. Cambridge: Harvard University Press, 1995, pp. 115-6. No ensaio "Notas sobre poesia e filosofia", Simic registra: "tudo seria muito simples se pudéssemos conjurar nossas metáforas. Não podemos. Isso é verdade para os poemas também. Podemos começar acreditando que recriamos uma experiência, que estamos buscando a mimese, mas então a linguagem assume o controle. De repente as palavras têm opinião própria" (*Wonderful Words, Silent Truth*, op. cit. p. 65).

de Whitman e William Carlos Williams, mas percebe igualmente que a qualidade "aterrorizante" de muitos de seus poemas diz respeito à sua imersão particular na violência da história: "certamente o maior poeta político, em sentido amplo, na atual cena americana; seus emblemas irônicos superam, no seu esmero, a severidade de grande parte da poesia social, enquanto permanecem mais terríveis em suas implicações humanas do que como explícita documentação política".

II

Em 6 de abril de 1941, um domingo de Ramos, teve início a "campanha dos Bálcãs", a invasão do Reino da Iugoslávia pelas forças do Eixo, inaugurada pelo massivo bombardeio de Belgrado pela *Luftwaffe*. Três anos mais tarde, em 16 de abril de 1944, um domingo de Páscoa, a cidade seria bombardeada novamente, mas agora pelos Aliados, contra alvos alemães. Em suas memórias, Simic registra que Belgrado ostenta a "dúbia distinção" de ter sido bombardeada pelos nazistas em 1941, pelos Aliados em 1944 e pela Otan em 1999.[14] Seamus Heaney escreve que, nos relatos memorialísticos de Simic, o fio da meada pende mais para a sua formação como escritor do que para a experiência de refugiado. Mas os relatos da experiência do bombardeio aéreo, ao lado de outras experiências da infância durante a guerra, permitem inquirir sobre outra hipótese: o percurso dessa poesia não estaria definitivamente marcado pela experiência de ser bombardeado?

Trata-se, na verdade, da constatação de que o bombardeio aéreo termina forjando em Simic a própria ideia de história e o sentido do tempo. A questão da história como progresso ou catástrofe não chega a se colocar nesses termos para o nosso

14 Charles Simic, *A Fly in the Soup*, op. cit., p. 8.

poeta.[15] Ela é moldada antes pela relação fundamental entre o poder, o arbítrio e a experiência individual submetida aos desígnios dos donos do mundo.

Do domingo de Ramos de 1941, Simic guardou memórias confusas: o prédio vizinho ao seu em Belgrado fora atingido por uma bomba às cinco da manhã, e o menino de três anos descobre-se no chão do quarto em meio a estilhaços de vidro, depois de ver o lampejo da explosão, sendo em seguida levado pela mãe para o porão, procedimento que continuaria a ser feito diversas vezes durante a guerra. Muitos anos depois, ao assistir a um documentário que mostrava os inúmeros prédios destruídos pelo bombardeio na sua vizinhança, o adulto apreende, com assombro, a escala da destruição: "Eu não tinha me dado conta, até aquele exato momento, de quantas bombas haviam chovido sobre a minha cabeça naquela manhã".[16]

As memórias da ocupação nazista registram uma atmosfera de ameaça difusa, com episódios como a breve prisão do pai bonachão pela Gestapo, e os jogos infantis entre ruínas e escombros, em que os meninos brincavam invariavelmente de guerra: "Nós nos metralhávamos o dia todo. Tombávamos mortos nas calçadas. Corríamos entre a multidão imitando o som dos aviões de caça, em seus mergulhos e rajadas. Depois nos tornamos bombardeiros. Deixávamos cair objetos das janelas ou varandas nos passantes na rua. A gravidade é a amiga da bomba, lembro de ter lido uma vez em um manual militar".[17]

Os bombardeios aliados de 1944 evocam em Simic a memória do pai gritando da varanda — "Os americanos estão jogando seus ovos de páscoa!" — e de novas incursões ao porão. Quando as bombas cessaram, o dia havia se tornado noite,

---

15 Em um dos aforismos do livro *The Monster Loves His Labyrinth* (Nova York: Ausable, 2008), Simic anota: "O coro de risadas silenciosas atrás de qualquer ideia de progresso" (p. 64). **16** Charles Simic, *A Fly in the Soup*, op. cit., p. 9. **17** Ibid., p. 10.

algumas chamas ardiam e as pessoas emergiam da névoa, entre elas um homem comentando que um dos bairros mais pobres da cidade havia sido completamente destruído, embora não abrigasse nenhum alvo militar. Simic observa: "aquilo não fazia sentido nem para uma criança".[18]

No fim da guerra, pouco depois da partida do pai para o exílio que o levaria aos Estados Unidos, Simic lembra ainda de ver os bombardeios ocasionais dos Aliados do jardim da casa de verão do avô, situada em plano elevado em relação à cidade, enquanto ambos comiam melancia (o cachorro da família, contrariado com a conduta, retira-se da cena). Surge aí mais um tópos recorrente nas suas imagens, o do andamento normal da vida — e mesmo uma certa liberdade de garoto — em meio ao caos, à violência e ao perigo; a memória viva dos cheiros noturnos de um jardim em flor e, ao mesmo tempo, o som abafado das explosões.

Embora aqui todos os sentidos colaborem na formação das imagens, o olhar tem estatuto central, e mais decisivamente, talvez, o não olhar. Uma das histórias do pequeno Simic que arrancava gargalhadas da família era a da infestação de piolhos adquirida por usar o capacete de um soldado alemão morto. Pouco tempo depois da liberação de Belgrado pelos soviéticos, Simic e seus amigos vagavam pelo "velho cemitério" quando notaram dois soldados alemães mortos. Ao se aproximarem dos cadáveres, viram que não tinham armas e que as botas já haviam sido levadas, mas o capacete de um deles ainda estava ali, caído ao lado do corpo: "Fui na ponta dos pés, como que para não acordar o morto. E também mantive os olhos semicerrados. Nunca vi o seu rosto, mesmo que algumas vezes pensasse ter visto. Tudo mais sobre aquele momento ainda é intensamente claro para mim".[19]

18 Ibid., p. 11.   19 Charles Simic, *The Unemployed Fortune-Teller: Essays and Memoirs*. Michigan: University of Michigan Press, 1994, p. 59.

Os relatos memorialísticos de Simic são marcados pela ambiguidade oscilante do olhar/não olhar e do ver/não ver, seja a do próprio menino que evita o rosto do soldado morto e lembra de tudo mais com aguda clareza, seja a da mãe que busca cobrir os olhos do filho (inutilmente) para que ele não visse os prisioneiros enforcados nos postes. São também atravessados pela ambiguidade do medo e do deleite, do horror e da liberdade — ambiguidades e mediações talvez inseparáveis não apenas da unidade sensorial do registro memorialístico, como também da rede de afetos que organiza o ponto de vista infantil. Assim, as tardes com o avô, as piadas do pai no instante de ser levado para interrogatório e a atenção da mãe (no gesto de costurar as meias ou administrar a pouca comida) convertem a experiência da guerra em uma unidade. Os horrores e a liberdade do espaço exterior andam de par com a solidão do menino dentro da casa, em companhia de um gato, assustado diante das sombras formadas na parede pelas figuras das peças de xadrez. A temporada numa prisão, entre adultos, após uma tentativa de emigrar com a mãe, passa a esse registro como uma experiência prazerosa, tanto pelo tratamento cuidadoso recebido dos outros presos, comovidos com a pouca idade do garoto, como pelo status adquirido ante a família, interessada em ouvir os relatos da tentativa frustrada de deixar o país: "eu era o centro das atenções".[20]

A forma como o tempo interfere nessa trama relacional da memória também se torna matéria do jogo de perspectivas e coexistências. "Em 1972", diz o poeta, "encontrei um dos homens que nos bombardearam em 1944." O homem era Richard Hugo (1923-82), celebrado poeta do noroeste americano que Simic conhecera em um evento literário em San Francisco. Depois de saber que o poeta sérvio havia estado sob a mira de seu avião e de se desculpar copiosamente,

20 Charles Simic, *A Fly in the Soup* , op. cit., p. 27.

86

Hugo lhe dedicaria um poema ("Letter to Simic from Boulder") ironizando a sua péssima pontaria. Diante do culpado Hugo, Simic reage com empatia: "Nós éramos dois coadjuvantes atordoados em eventos além do nosso controle". Simic tem clareza de que a responsabilidade deveria ser atribuída antes "ao idiota que achou boa ideia atender ao pedido de Tito para bombardear durante a Páscoa uma cidade repleta de seus próprios aliados".[21]

Em Simic, a percepção do que está em jogo na experiência de ser bombardeado — e na experiência surreal de encontrar, em um evento literário, o seu poeta-bombardeador, a pessoa do outro lado da pequena janela do avião — talvez fique mais clara a partir de uma constatação que o poeta faz em um ensaio dedicado a W. G. Sebald. Consciente de ter sido um "coadjuvante" civil no drama histórico além de qualquer controle, embora inteiramente encenado por seres humanos, Simic assimila como poucos o sentido da reflexão de Sebald sobre a ausência de relatos dos bombardeios aliados na literatura alemã do pós-guerra (no ensaio "Guerra aérea e literatura"),[22] e o sentido fundamental da separação entre combatentes e civis, ainda que os civis indiscriminadamente bombardeados fossem nazistas. Para Simic, o aspecto mais aterrorizante dos bombardeios já não seriam "os aviões zunindo, os céus tingidos de sangue, ou as explosões ensurdecedoras", mas antes "o poder daqueles que se atribuem o direto de decidir a quem obliterar e a quem poupar".[23]

A relação entre história e bombardeio aéreo irradia-se por toda a poesia de Simic, se formos capazes de avaliar, de um lado, seus desdobramentos nas imagens e, de outro, seu

---

21 Ibid., p. 13.   **22** W. G. Sebald, *Guerra aérea e literatura.* Trad. Carlos Abbenseth e Frederico Figueiredo. São Paulo: Companhia das Letras, 2011. **23** W. G. Seabald, "Conspiracy of Silence", in: *The Emergence of Memory: Conversations with W. G. Sebald.* Nova York: Seven Stories, 2007, p. 153.

enraizamento na memória e na percepção infantil. O historiador sueco Sven Lindqvist reconta, em termos notadamente semelhantes aos de Simic, sua infância às vésperas da Segunda Guerra Mundial. Mesmo antes da guerra, as brincadeiras, novamente, eram de batalhas e ataques aéreos: "Não eram necessários brinquedos de guerra. Um galho se tornava uma arma em nossas mãos, e os pinhões se tornavam bombas. Eu não me lembro de um único xixi na minha infância em que eu não escolhesse um alvo a ser bombardeado. Aos cinco anos, eu já era um bombardeiro experimentado".[24] Os seguidos treinamentos na escola sobre o que fazer em caso de um ataque aéreo, já iniciada a guerra, marcavam definitivamente uma mudança histórica e pessoal. De repente, o pai lhe parecia um homem velho, preso ao paradigma da Primeira Guerra Mundial e da guerra terrestre, que avança lentamente. A criança tornava-se subitamente adulta ao tomar posse do conhecimento fundamental do que fazer no caso de um incêndio provocado por bombardeios e da consciência de que a destruição poderia chegar dos céus a qualquer momento, inclusive à noite.

Na poesia de Simic, o estado de ameaça iminente é um outro modo do normal e unifica os indivíduos, os objetos e as espécies (como em "Inominado ao lado"). O desaparecimento, súbito ou lento, se inscreve nesse estatuto de permanente suspensão que o próprio tempo adquire, muitas vezes espelhado pela precariedade material do mundo (como em "Noite de ventania"). E mesmo as telas e janelas, mediadoras essenciais dessa poesia — arrancadas de sua predisposição meramente contemplativa —, anunciam ora "algum novo horror" (em "Fim de setembro"), ora o advento igualmente ameaçador de um céu claro ("Se clarear, arranhe a porta", em "Explicando algumas coisas").

---

24 Sven Linqvist, *History of Bombing*. Nova York: The New Press, 2001, p. 1.

III

No poema "Departamento de Monumentos Públicos", por trás da inscrição burocrática do título, o leitor encontra uma cena montada com precisão e clareza: a moradora de um trailer dá de comer às galinhas. Ela encarna a História. A montagem da cena não prescinde de alguma indicação geográfica: tudo se passa em "algum lugar chamado Pittsfield ou Babilônia". Mas essa indicação não é meramente geográfica ou social — não é apenas o fenômeno da pobreza e da moradia precária nos Estados Unidos que está em questão. Os nomes das cidades indicam uma escala, um espectro que começa em uma cidade americana qualquer (Pittsfield, em Massachusetts, com 44 mil habitantes segundo o censo de 2010) e chega a "Babylon", no original, que pode ser tanto a pequena cidade do condado de Suffolk, no estado de Nova York, como uma evocação da antiga Mesopotâmia — razão pela qual se optou aqui por sua tradução para o português, Babilônia. Nesse espaço que sinaliza um percurso desde a Antiguidade até a mediocridade, funda-se o antimonumento de Simic à sua divindade cívica de predileção: a História. Esse antimonumento é cuidadosamente armado: há as galinhas presas pela inscrição fictícia no chão (o "círculo mágico"); o arbítrio figurado no destino dessas galinhas que nunca saberão se, naquele dia, serão alimentadas ou mortas (dupla ignorância, por serem animais irracionais e porque a informação, em todo caso, bloqueada a vista do que ocorre dentro do trailer, lhes é sonegada); e o elemento talvez mais desconcertante, os cães que se agitam quer como expectadores, carcereiros ou capatazes nessa hierarquia da ralé em plena terra prometida — em certo sentido, a terra prometida da história, Pittsfield, um campo de fossos.

A indicação desses elementos é precisa e sumária. A sequência em que são apresentados (mulher gorda, macacão desbotado, trailer, estrada de terra, Pittsfield, Babilônia) e a passagem da descrição à ação (desenho do círculo mágico, a caminhada manca até o trailer, o regresso com o milho), culminando no desfecho que revela a verdadeira natureza de uma história sem rotas de fuga (os cães batendo as correntes), são a chave de um equilíbrio tenso entre detalhe, endereçamento e generalização, entre as diferentes perspectivas dos seres vivos, entre movimento, ritmo, expectativa e resolução; e oferecem uma síntese dos recursos formais dessa poesia. Com frequência, Simic se refere a esse processo de formalização, de construção de antimonumentos, como uma poética da "imagem".

Em muitos de seus textos em prosa, alguns em forma de aforismos, Simic discorre sobre a sua concepção de imagem poética e da natureza da própria poesia. De modo geral, essa concepção de poesia parece habitar duas faces de um mesmo planeta, o sonho e a insônia. Em uma das faces, a imagem é o conduto da memória, do trauma, do medo e da ameaça; em outra, a linguagem é a chave que permite ao poema existir como resultado da lógica própria das palavras, como o jogo de xadrez em que o resultado final testemunha o encadeamento das jogadas que o tornam inevitável: "O poeta senta-se diante da folha de papel com a necessidade de dizer muitas coisas no pequeno espaço do poema. O mundo é enorme, o poeta está sozinho, e o poema é apenas um pouco de linguagem, poucos rabiscos de um lápis cercados pelo silêncio da noite".[25]

Em mais de uma oportunidade, Simic confessa não ter lá grande fé nos poderes da escrita automática dos surrealistas: "todas as tentativas de abrir as comportas da minha psique foram decepcionantes". A reputação do inconsciente como fonte infinita da poesia lhe parece "superestimada": "a primeira regra para um poeta deve ser: engane o seu inconsciente e os seus sonhos".[26] Quando criança, a sua habilidade de dormir em qualquer pedaço de chão sem coberta lhe garantira noites de sono na prisão, em uma cela apinhada de homens adultos.

---

25 Charles Simic, *The Unemployed Fortune-Teller*, op. cit., p. 2. 26 Ibid., p. 14.

A habilidade inata daria lugar à insônia, que acompanha o poeta desde os doze anos de idade. Já a capacidade de sonhar e lembrar dos sonhos teve que ser adquirida. E os sonhos, fossem eles "tragédias ou filmes pornôs", povoados de "diferentes elencos vestidos como convidados de um funeral", tinham via de regra a atmosfera dos filmes expressionistas alemães. Em suas memórias, o poeta sonha com um pirulito no formato de uma caveira, torna-se secretário de Stálin, tem a carteira batida por Veronica Lake, toma sopa com alfinetes. Nos sonhos, ele nunca vê a lua. Os sonhos, conclui, são "estúpidos e ininteligíveis como a história".[27]

O poeta se abre ao imprevisto das associações como portal para o desconhecido, e admite que por vezes a lógica associativa toma o controle, mas sabe que é necessário "algum senso estético" que oriente o que escolher "entre os diversos produtos do acaso", tarefa ainda mais complicada na medida em que a história da arte e da literatura modernas já nos acostumou "os olhos e os ouvidos ao inesperado".[28] Em outro momento, Simic associa a poesia ao presente e à "experiência do ser". O poeta seria aquele que recorda sempre aos filósofos "a presença desconcertante do mundo". Como a linguagem é incapaz, entretanto, de dizer o presente, algumas vezes "apenas as imagens mais absurdas são capazes de atravessar o abismo entre a palavra e a coisa".[29] Nessa poética da imagem, a metáfora, como vemos, tem um valor central. Para Simic, a metáfora é "internacionalista em essência"[30] e é ela que permite à matéria do sonho ser convocada ao trabalho das forças mecânicas e rigorosas da insônia. Um dispositivo político, portanto, essencialmente crítico, mas que não prescinde da intervenção de um outro princípio de organização, uma metodologia (em outro ponto, Simic dirá: "Eu nunca 'escrevo'. Eu

---

27 Charles Simic, *A Fly in the Soup*, op. cit., p. 107.   **28** Charles Simic, *The Unemployed Fortune-Teller*, op. cit., p. 18.   **29** Ibid., p. 56.   **30** Ibid., p. 106.

apenas conserto").[31] Sugestivamente, em suas muitas declarações sobre a centralidade da "imagem" na sua obra, Simic adota uma posição distanciada com relação à "forma" — "a forma em um poema é como a ordem das atrações num circo".[32] Sabemos, entretanto, que as "imagens" na poesia de Simic são uma síntese de procedimentos formais cuidadosamente dispostos.

Talvez seja na relação com as artes plásticas que a poética de Simic e suas concepções sobre a "imagem" encontram formulações mais instigantes. Simic chegou a pintar na juventude e não são poucas as referências aos surrealistas — Giorgio de Chirico à frente — nos seus ensaios. Mas o artista mais importante para suas reflexões é o americano Joseph Cornell, que não era um pintor, e a quem nosso poeta dedicou um livro de pequenos textos entre o ensaio e o poema em prosa.[33] Nascido em 1903, Cornell viveu quase toda a sua vida em Nova York, onde produziu suas numerosas séries de caixas e montagens com objetos, colagens e filmes experimentais, que o aproximam frequentemente de Kurt Schwitters. Em Nova York, Cornell conheceu Duchamp e Max Ernst, entre outros expoentes do surrealismo e das vanguardas do século XX. No Brasil, suas caixas possivelmente evocariam comparações com a obra de Farnese de Andrade.

O próprio Cornell nunca se reconheceu como surrealista e nunca se filiou a nenhum movimento artístico. Simic comenta que, após a morte do artista, em 1972, passou a relacionar-se com a sua obra de forma quase obsessiva. O poeta faz questão de destacar que Cornell produziu sua obra singular "na ausência de qualquer teoria estética ou noção preestabelecida de beleza". Ele apenas "reunia alguns objetos sem importância dentro de suas caixas até que eles compusessem uma imagem que

---

31 Charles Simic, *The Monster Loves His Labyrinth*, op. cit., p. 65 ("*I never 'write'. I just tinker*"). **32** Charles Simic, *The Unemployed Fortune-Teller*, op. cit., p. 105. **33** Charles Simic, *Dime-Store Alchemy: The Art of Joseph Cornell*. Nova York: Ecco, 1992.

o agradasse sem fazer a menor ideia de como essa imagem resultaria ao final".[34] O espaço do comentário afetivo da obra de Cornell, despojado assim de qualquer "teoria estética", termina constituindo um campo em que o próprio poeta, contra o fundo de um conjunto de arranjos com objetos dispostos em relação espacial e sensível — que formam, portanto, associações, ou antes "imagens" —, teoriza sobre a poesia.

O primeiro passo dessa teorização é o regime de inter-relação que Cornell estipula entre seus objetos. Simic, ele mesmo fascinado por metafísicos e transcendentalistas, percebe o caráter "religioso" da obra de Cornell, cujo método exigia constantes peregrinações por Manhattan à procura dos improváveis objetos que comporiam suas caixas, uma verdadeira "teologia das esquinas": "a desordem da cidade é sagrada" para o construtor de "ícones" que é Cornell. "Revelações insuspeitas nos esperam na próxima esquina."[35] Claramente, esse regime de inter-relações, instaurado pelos limites de suas caixas — que deixam assim de ser meros compartimentos para ganhar um estatuto metafísico de passagem, como as janelas dos poemas de Simic —, termina se confundindo com a própria cidade, a *metacaixa*. O passo seguinte é o método, que exige "caminhar e ver". Naturalmente, como vemos nas restrições de Simic ao surrealismo, não se trata de recolher a esmo qualquer objeto encontrado, nem mesmo, como ocorre mais frequentemente em Kurt Schwitters, de ressignificar o que foi descartado ou transformado em fragmento. A operação exige percorrer o espaço relacional da cidade em busca daqueles "quatro ou cinco objetos ainda desconhecidos" que de alguma maneira "se completam",[36] pressupondo uma unidade anterior, uma unidade, naturalmente, que se revela ao olhar. O método é inseparável tanto da tessitura de possibilidades associativas e significativas que a cidade oferece quanto do

---

34 Charles Simic, *Dime-Store Alchemy*, op. cit., p. x. **35** Ibid., p. 72. **36** Ibid., p. 14.

esforço de descobrir a relação "necessária" entre cada um dos componentes da "imagem".

Em seguida, é precisamente a composição que revela, mais que a unidade, as relações internas a essa vida em comum dos objetos, a "forma" específica ou a "solução" que Cornell dá ao "enigma" de cada arranjo, montagem ou colagem, o destino já intuído na reverência à "desordem sagrada". O "acaso" continua sendo um tema central da leitura que Simic faz da obra de Cornell; entretanto, se em Duchamp ou John Cage o acaso é uma forma de "livrar-se da subjetividade", em Cornell ele seria antes uma forma "de revelar o eu e suas obsessões".[37] Simic o imagina em seu estúdio, no porão de sua casa no endereço de nome sugestivo — Utopia Parkway —, introduzindo mudanças milimétricas na disposição dos objetos (xícaras, uma cabeça de boneco, uma taça, um cachimbo, um mapa geológico da Lua etc.), ou mesmo paralisado diante deles como um jogador de xadrez "perdido em complicadas deliberações". Simic, enxadrista, compara as caixas de Cornell aos problemas de xadrez em que poucas peças são deixadas no tabuleiro. Frequentemente nesses problemas, observa o poeta, o primeiro movimento é crucial e ao mesmo tempo de improvável obviedade. E recorda as muitas vezes em que levou meses para chegar a uma solução, sempre acossado por um tabuleiro que resistia à decifração, mantendo o seu mistério. Finalmente, em algum ponto a "necessidade da solução" foi substituída por uma "poesia do meu contínuo fracasso".[38]

Não é à toa, portanto, que o refugiado Charles Simic se aproxima do nova-iorquino Joseph Cornell, que quase nunca viajou para além dos limites da sua cidade. Essa arte depende do deslocamento, ou mais, funda-se nele — seja o deslocamento de Cornell pelas ruas da cidade, essa constante modalidade de trânsito, seja o deslocamento que seus objetos contêm.

37 Ibid., p. 61. 38 Ibid., pp. 44-5.

"A América é o lugar onde o Velho Mundo naufragou", anota Simic. E a arte de Cornell depende desse naufrágio, das levas de objetos de migrantes que foram separados, arrancados de suas caixas originais e despejados no labirinto das ruas de Nova York — "tudo aquilo que os imigrantes trouxeram a essas praias em suas valises e trouxas e foi descartado por seus descendentes".[39] As inter-relações, o método da procura, a composição — em suma, as operações fundamentais dessas imagens — ao final retornam a esses fantasmas compósitos que o "naufrágio do Velho Mundo" nas praias do Novo tornou reais.

IV

As operações formais e os métodos que Simic aponta em Cornell são um espelho da sua própria poética. A desagregação dos elementos do Velho no Novo Mundo e o desejo dos diferentes fragmentos de se religarem na "imagem" também constituem um procedimento central de sua poesia. Com frequência os movimentos iniciais de seus poemas são diretos e aparentes, e os finais, quando não apresentam o xeque-mate que traz a surpresa e o inesperado, traem ou suspendem a própria ideia de "solução".

Uma lista de primeiros versos dos poemas aqui reunidos oferece uma boa amostragem desses movimentos iniciais: "Escola, prisão, orfanato público"; "Penitenciárias vigiadas durante a noite"; "Um mundo desaparecendo"; "És o Senhor dos mutilados"; "Ao menos um crucificado em cada esquina"; "As máquinas se foram, como os que nelas trabalhavam"; "Todo verme é um mártir" etc. Os tópicos são apresentados de forma direta, e as imagens desdobram-se a partir desses movimentos iniciais. Em alguns poemas, o lance final traz a surpresa do xeque-mate elegante, quando os elementos se alinham inadvertidamente

39 Ibid., p. 18.

na composição da imagem final, como ocorre em "Leia o seu destino" e mesmo nos poemas em prosa, como "Teatro de bolso". Em outros, a poética do *fracasso* em relação a esse encaminhamento do sentido para uma unidade é mais saliente. Em "Feira", o ousado movimento inicial ("Se você não viu o cachorro de seis patas/ Não tem problema") abre a cena em que a aberração termina vencida pela banalidade e deságua em suspensão ("E esse foi todo o espetáculo").

O que essa possível lista de aberturas e fechos sugere, quando vista em conjunto, é não apenas a incidência formal da composição, mas também a clareza com que emergem alguns dos tópicos fundamentais de sua poesia, como núcleos gravitacionais que denotam a existência de um relevo anterior: prisões, escolas, aberrações, crucificações, mutilações, a precariedade do mundo, a história, a morte, a memória, a irrealidade dos lugares abandonados ou prestes a sê-lo, os animais, os brinquedos, o verme, o sangue, os espelhos e as janelas, os santos, os místicos, os filósofos e os anjos da guarda, o escuro (e seus matizes), o grito, a ameaça e a neve. Karen Volkman também identificou em Simic o que chamou de "elementos persistentes": "bonecos, demônios, deuses, ruas vazias, janelas".[40] E Seamus Heaney também sugeriu uma relação de tópicos que passaria por "rabiscos, o pequeno, a noite, o sangue, a solidão, paredes".[41] É provável que, em qualquer antologia de poemas de Simic, uma lista de coágulos temáticos parecida acabe se formando.

Na crítica, como vimos, muitas vezes esses temas, sua recorrência articulada e a incomum capacidade de Simic de criar ambientes e atmosferas desconcertantes são apontados como índice do "aterrorizante" e da "estranheza". Janet McCann vê na poesia de Simic (a propósito de *Night Picnic*, livro de 2001) a demarcação de um território em que se explora "a superfície

---

40 Karen Volkman, op. cit., p. 52.   **41** Seamus Heaney, op. cit., p. 208.

do ordinário, e os sonhos e os pesadelos abaixo dele", e em que o poema, mesmo quando aponta para "um tom nostálgico" ou "amigável", já admite o "inquietante" desde a primeira linha.[42] Para J. Heath Athcheley, as observações de Simic sobre o papel do "acaso" e sua adesão a uma "antipoesia" não redundam em "violência deliberada contra a linguagem", mas antes na "presentificação de algo que aterroriza e inspira".[43] Michael Hofmann fala de uma "capacidade de produzir violência e ambivalência a partir de substâncias inertes e vocabulário inexpressivo".[44]

A persistência desse vocabulário na fortuna crítica para referir-se ao enigma desses poemas, como vimos, também convive com a ressalva de que não estamos diante das típicas paisagens surrealistas. Trata-se, por conseguinte, de uma pesquisa que nos leva a buscar o *específico* do desconcerto que muitos desses poemas provocam. Não à toa, em algumas ocasiões, a crítica valeu-se da referência ao estudo de Freud sobre o "Unheimliche" (na tradução de Paulo César de Souza, "o inquietante",[45] e em edições norte-americanas, "the Uncanny") como ferramenta para desvendar esse mecanismo.[46] E, de fato, o texto de Freud de 1919, em que o autor nos adverte do caráter atípico da incursão da psicanálise em terreno estético, àquela altura, é um texto que também busca mapear e escavar as origens do sentimento do "inquietante" em sua especificidade.

No imediato pós-Primeira Guerra Mundial, Freud está em busca de um sentimento específico que não se confunde com o que é "terrível" e que provoca "angústia" ou "horror".

---

42 Janet McCann, "Night Picnic", *Magill's Literary Annual 2002*, pp. 1-3, 2002.
43 J. Heath Athcheley, "Charles Simic's Insomnia: Presence, Emptiness, and the Secular Divine", *Literature and Theology*, v. 17, n. 1, pp. 44-58, 2003. **44** Michael Hofmann, "Reading Simic in Poor Light", *Harvard Review*, n. 13, pp. 99-104, 1997. **45** Sigmund Freud, "O inquietante", in: *Obras completas*, v. 14 [1917-1920]. São Paulo: Companhia das Letras, 2010. **46** Cf. Margaret Suydam, *Homeward Bound: Uncanny Deliverance in the Poetry of Charles Simic*. Harvard Extension School, 2018. Dissertação de mestrado.

Em alemão, o inquietante (*unheimlich*) originalmente designa a oposição ao que é "doméstico" (*heimlich*) ou "familiar". Mas Freud está interessado em ir além dessa primeira determinação de um sentimento de algo assustador que emerge do seio daquilo que é muito familiar ou ordinário, como um implante sabotador e espontâneo. E busca na literatura (em "O Homem da Areia", de E. T. A. Hoffmann) exemplos para sua análise. Freud não se contenta com a explicação disponível em estudos anteriores de que o inquietante derivaria de uma "incerteza intelectual", em especial a incerteza sobre o animado e o inanimado, sobre bonecos ou autômatos que parecem ter vida própria. Sem negar que essas imagens possam evocar o inquietante, ele parte para uma busca mais profunda. Sua pesquisa, sobretudo a partir da obra de Hoffmann, o leva a distinguir duas ordens principais de fenômenos "inquietantes": aqueles relacionados a "complexos infantis reprimidos", como o complexo de castração ou a fantasia do ventre materno (que Freud aponta como chave dos sonhos sobre ser enterrado vivo), que retornam e emergem ali no coração do "familiar"; e aqueles relacionados a "crenças primitivas" que foram "superadas" ao longo do desenvolvimento psíquico, como superstições que se veem, aparentemente, "confirmadas", o mau-olhado ou a "onipotência do pensamento".[47]

Em Simic reconhecemos a potência central do olhar da infância na fabricação das imagens, tão frequentemente marcadas pelo espelhamento, apagamento e outras estratégias que acionam as possibilidades do "ver/não ver". Esse núcleo do inquietante na sua obra está bastante documentado na anedota da infestação de piolhos no episódio do capacete do soldado alemão morto. O papel dos brinquedos e dos temas infantis, do jogo, das sombras das peças de xadrez na parede, do anjo da guarda, é bastante evidente na formação do repertório

47 Sigmund Freud, op. cit. pp. 370-1.

simiquiano do inquietante e se prolonga na evocação de santos, místicos e filósofos como brinquedos na vida adulta (assim como há algo também de fundamentalmente infantil nas caixas de Joseph Cornell). De outro lado, as superstições e a atmosfera de magia negra também comparecem nessa poesia em seu papel inquietante ("Minhas mãos ficavam frias tocando os rostos/ de reis e rainhas mortas"). Em "Feira", lembremos, o olhar logo se acostuma ao cachorro de seis patas (mera distração), e a mente reconhece que o problema é outro, ainda mais inquietante: "que noite fria, escura,/ para se estar numa feira".

Mas há um outro tema inquietante que Freud menciona e que parece guardar ainda maior interesse para a poesia de Simic. É o tema do "duplo", "o surgimento de pessoas que, pela aparência igual, devem ser consideradas idênticas". Freud remete a Otto Rank, que estudara as relações do duplo com "a imagem no espelho e a sombra, com o espírito protetor, a crença na alma e o temor da morte". Além dessas relações, Rank se debruça sobre a evolução do tema do duplo desde a sua origem como "garantia contra o desaparecimento do Eu", passando pela alma como garantia da imortalidade, até a sua transformação dialética com a superação do impulso narcísico: "de garantia de sobrevivência, passa a inquietante mensageiro da morte".[48] Mesmo com a superação do narcisismo, argumenta Freud, a ideia do duplo não desaparece, pois o próprio Eu vê nascer em seu seio "uma instância especial", que "serve à auto-observação e à autocrítica" — instância que se torna "isolada" e "discernível" nos casos de delírios de perseguição. A capacidade humana de se auto-observar, ou a existência de uma consciência que pode ver o Eu como objeto, permite, segundo Freud, atribuir ao duplo a vivência daquilo que foi reprimido, ou ainda "todas as possibilidades não realizadas de configuração do destino".[49] Todas essas virtualidades

48 Ibid., pp. 351-2. 49 Ibid., p. 353.

não explicam, entretanto, o caráter inquietante do duplo. Para Freud, esse caráter precisa advir do fato do duplo ser "criação de um tempo remoto e superado, em que tinha um significado mais amigo", antes de tornar-se "algo terrível", "tal como os deuses tornam-se demônios após o declínio de sua religião".[50] Não espanta, portanto, que na poesia de Simic o seu anjo da guarda tenha medo do escuro. O tema do duplo, tal como interpretado por Freud, lança luz sobre o inquietante específico dessa poesia. Permite intuir o inquietante retorno do menino bombardeado em Belgrado em 1941 no adulto que percorre ruas escuras e frequenta restaurantes decadentes, reencenando jogos de xadrez com ideias, santos e místicos. Permite talvez entender melhor a necessidade fundamental da mediação das janelas, espelhos e do próprio olhar, não apenas enquanto relação com os horrores do mundo (todas as janelas não seriam o duplo daquela estilhaçada pelas bombas?), mas também como o *olhar para si*. Do outro lado das janelas, frequentemente Simic vê a si mesmo. Do outro lado da janela do avião, Simic se projeta no lugar daquele que o bombardeou. No interior das prisões, é o seu duplo, o seu outro Eu, que cava um túnel em direção a si mesmo ("Ao que cava").

Interessante é ver que os deuses caídos de Simic não se transformam necessariamente em demônios (como em "Rabiscos no escuro"), mas antes numa vasta galeria de pobres-diabos (como em "Os demônios") vagamente dotados de uma aura que talvez seja a lembrança mínima, residual, de seus poderes do passado: internos, órfãos, açougueiros, garçons, videntes etc. A queda desses antigos deuses, em Simic, é a sua redução à escala humana, mas uma escala socialmente determinada — os deuses caídos formam uma legião específica, um lúmpen. Tal redução alcança com notável senso republicano os grandes pensadores, filósofos, reis e rainhas, a História e

50 Ibid.

seus cães de guarda, e a própria Morte, que faz suas aparições nessa poesia como uma funcionária em qualquer engrenagem burocrática ("O segredo").

Talvez o símbolo mais impressionante dessa operação sejam as modalidades de crucificação que Simic explora de forma obstinada. O desejo de popularizar o procedimento, levando ao extremo a ideologia do *do it yourself* (em "Mecânica popular"), tem como resultado a paisagem de uma cidade com um crucificado em cada esquina ("A cidade"). O gesto de humanização radical dos antigos deuses encontra-se, assim, refletido na multiplicação do gesto essencial de redução do divino à escala humana que está no centro da tradição cristã. Simic espalha suas cruzes para afirmar esse programa fundamental e restitui vida a diversos cadáveres, como se na inquietante operação de animar o inanimado residisse uma ideia essencial de justiça — silenciar as bombas, reverter os latidos da história, fazer despertar o soldado alemão, talvez para devolver--lhe o capacete infestado de piolhos. Igualmente importantes para esse programa, portanto, são os poemas em que Cristo desce da cruz e frequenta o mundo (ocupado em inspecionar "os últimos refinamentos da crueldade" — em "Obscuramente ocupado"), uma forma especial de segunda vinda, e aqueles em que a projeção do duplo, sempre mediada pelo olhar, imagina ver o mundo pelos olhos do Cristo crucificado: "Olhando para baixo do alto da cruz// Como se visse os pés ensanguentados/ Pela primeira vez".

Agradecimentos do tradutor

Agradeço a Fabio Weintraub por ter me recrutado, num telefonema interurbano há muitos anos, para a poesia de Charles Simic, e por ter me acompanhado nas primeiras traduções, algumas das quais constam deste volume, em versões revistas, e cujos eventuais acertos guardam a sua marca. A Chantal Castelli, pela leitura acirrada; a Leandro Sarmatz, pela aposta nessas janelas para o bombardeio; a Julia de Souza, pelas elegantes sugestões na reta final.

Índice de títulos e primeiros versos

A

A cidade, 25
A pedra é um espelho, 45
Ao menos um crucificado em cada esquina, 25
Ao que cava, 11
Arquitetura penal, 9
As máquinas se foram, como os que nelas trabalhavam, 39

B

Blues da manhã nevada, 75

D

Decerto não há dificuldade em compreender, 33
Dedos no bolso de um sobretudo, 23
Departamento de Monumentos Públicos, 57
Departamento de Reclamações, 61
Descrição de algo perdido, 73

E

Eles me explicaram as bandagens ensanguentadas, 43
És o Senhor dos mutilados, 21
Escola, prisão, orfanato público, 9
Este mundo velho precisa de uma escora, 19
Explicando algumas coisas, 41

F

Fábrica, 39
Feira, 13
Fim de setembro, 27

G

Gosta de igrejas vazias, 71

I
Inominado ao lado, 15

L
Leia o seu destino, 17
Luz de verão, 71

M
Margaret copiava, 49
Mecânica popular, 55
Menino calado, 59
Meu anjo da guarda tem medo do escuro, 53
Meu pai conferia imortalidade aos garçons, 33

N
Noite de ventania, 19
Numa cozinha com as persianas baixadas, 63
Nunca teve um nome, 73

O
O caminhão do correio desce a costa, 27
O morto desce do cadafalso, 51
O pai estudava teologia por correspondência, 29
O segredo, 31
O tradutor é um leitor acirrado, 75
Obscuramente ocupado, 21
Onde você vai acabar dando as caras, 61
Órfãos da Eternidade, 65
Os cubos de gelo estão em chamas, 63
Os demônios, 35
Os enormes problemas de engenharia, 55

P
Penitenciárias vigiadas durante a noite, 11
Preocupados Anônimos, 67

R
Rabiscos no escuro, 69
Rouba um fio de cabelo, 59

S
Se Justiça e Liberdade, 57
Se você não viu o cachorro de seis patas, 13
Somos uma seita apocalíptica, 67

T

Tão familiar, 15

Teatro de bolso, 23

Tenho minha desculpa, Sr. Morte, 31

Terapia de vidas passadas, 43

Todo verme é um mártir, 41

Tudo é previsível, 47

U

Um grito na rua, 69

Um livro cheio de figuras, 29

Um mundo desaparecendo, 17

Uma noite você e eu caminhávamos, 65

V

Você é uma vítima, 35

Selecionados de: *Unending Blues* © Charles Simic, 1986, 1985, 1984, 1983; *The World Doesn't End* © Charles Simic, 1989, 1988, 1987, 1986, 1985; *The Book of Gods and Devils* © Charles Simic, 1990; *Hotel Insomnia* © Charles Simic, 1992; *A Wedding in Hell* © Charles Simic, 1994; *Jackstraws* © Charles Simic, 1999; *Night Picnic* © Charles Simic, 2001; *The Voice at 3 a.m.* © Charles Simic, 2003; *My Noiseless Entourage* © Charles Simic, 2005; *That Little Something* © Charles Simic, 2008; *Master of Disguises* © Charles Simic, 2010; *New and Selected Poems 1962-2012* © Charles Simic, 2013

Publicado mediante acordo especial com Houghton Mifflin Harcourt Publishing Company.

Todos os direitos desta edição reservados à Todavia.

Grafia atualizada segundo o Acordo Ortográfico da Língua Portuguesa de 1990, que entrou em vigor no Brasil em 2009.

capa
Luciana Facchini
ilustração de capa
Caco Neves
composição
Manu Vasconcelos
preparação
Julia de Souza
revisão
Huendel Viana
Tomoe Moroizumi

Dados Internacionais de Catalogação na Publicação (CIP)

— —

Simic, Charles (1938-)
Meu anjo da guarda tem medo do escuro: Poemas escolhidos: Charles Simic
Seleção, tradução e posfácio: Ricardo Rizzo
São Paulo: Todavia, 1ª ed., 2021
112 páginas

ISBN 978-65-5692-087-0

1. Literatura americana 2. Poesia 3. Charles Simic I. Rizzo, Ricardo II. Título

CDD 811

— —

Índice para catálogo sistemático:
1. Literatura americana: Poesia 811

todavia
Rua Luís Anhaia, 44
05433.020 São Paulo SP
T. 55 11. 3094 0500
www.todavialivros.com.br

fonte
Register*
papel
Munken print cream
80 g/m²
impressão
Geográfica